SOUSCRIPTION

POUR OFFRIR UNE EPÉE D'HONNEUR

AU

GÉNÉRAL OUDINOT

DUC DE REGGIO.

SOUSCRIPTION

POUR

OFFRIR UNE ÉPÉE D'HONNEUR

AU GÉNÉRAL OUDINOT

DUC DE REGGIO,

COMMANDANT EN CHEF L'EXPÉDITION ROMAINE.

Fidei Christiani, Genio ducis,
Virtuti militis.

LYON
IMPRIMERIE D'AIMÉ VINGTRINIER,
Quai Saint-Antoine, 36.

—

1855

SOUSCRIPTION

POUR OFFRIR UNE ÉPÉE D'HONNEUR

AU

GÉNÉRAL OUDINOT

DUC DE REGGIO

Commandant en chef l'Expédition romaine.

MEMBRES DE LA COMMISSION.

BUREAU:

Président :   MM. FERRAND (Humbert).

Secrétaire :   FABISCH, professeur de sculpture à l'École-des-Beaux-Arts.

Trésorier :   DUGAS (Prosper), négociant.

MM. ARNET, tailleur.

BLANCHON (J).

BOISSIEU (Alphonse de), membre de l'Académie de Lyon.

MM. Boué, curé d'Ainay.

Boullée, membre de l'Académie de Lyon.

Colrat, docteur-médecin.

Delandine, vice-président du Tribunal civil de Lyon.

Desjardins, architecte.

Ducruet, président de la Chambre des notaires.

Frapet, ancien magistrat.

Gautier (Charles), négociant.

Guérin (Louis), négociant.

Herculais (le comte d').

Hyvernat, rédacteur de la *Gazette de Lyon*.

Messy, chef d'atelier.

Terret (A).

Vanel, fabricant.

NOMS DES SOUSCRIPTEURS.

Son Éminence le Cardinal-Archevêque de Lyon.

Son Ém. le Cardinal-Archevêque de Bordeaux.

Monseigneur l'Évêque de Verdun.

Monseigneur l'Évêque de Nantes.

Monseigneur l'Évêque de Langres

Monseigneur l'Évêque de Beauvais.

Monseigneur l'Évêque de Saint-Flour.

MM. ARNET.

ALEXANDRE, capitaine en 2^c.

ALGER (Louis).

ALINCOURT (d'), sous-lieutenant.

ALBY (Gabrielle d').

ASCIER (d').

ANDRÉ (d').

ALLAVÈNE, lieutenant au 2^c Lanciers.

ARMANET.

MM. Aure (le vicomte d').

Allemand.

André.

Autichamp (le comte d')

Apschier (Mme la comtesse d').

Ailly (M. et Mme d')

Anonymes, quarante.

Blanchon père.

Blanchon (J).

Bonald (Maurice de), juge.

Boissieu (Alphonse de).

Boué, curé d'Ainay.

Boullée.

Biétrix (Camille).

Brun (A).

Brun (Lucien), avocat.

Un Bachelier du quartier Saint-Paul.

Baudet frères.

Boissieu (Sabin de)

Bonnet (C).

Belligny (de), ancien officier.

Balleydier (Félix), fabricant.

Berloty, notaire.

Belmont aîné.

Berger.

MM. BERNARD.

BOISSIEU (Dominique de).

BELLEROCHE (Mme V^e de).

BELLEROCHE (Foulques de).

BELLEROCHE (Aimé de).

BERRUEL, abbé.

BOUQUEROT.

BOUVEYRON, curé de Belley.

BOURGEAT.

BÉGULE.

BORÉ, lieutenant au 5e Hussards.

BERTOIT (de).

BOUTIN, docteur.

BAUMAL, lieutenant.

BUCHLER, sous-lieutenant.

BOISSONNET (Auguste).

BRASSIN DE MÉRÉ (le vicomte de).

BERTRAND, lieutenant au 6e Chasseurs.

BARBANÇOIS (de), lieutenant en 2e.

BOUSQUET, sous-lieutenant.

BANCOURT (de), lieutenant.

BÉCUR, chirurgien aide-major.

BACHON, écuyer.

BON, à Vals (Haute-Loire).

BOSSAN, sous-lieutenant.

MM. Brissaud de Maillé, lieutenant au 4ᵉ Hussards.

Bureaud, capitaine-commandant des Guides.

Bruk, adjudant, maître de musique.

Chaurand (A), avocat.

Chalandon, (Albin).

Chalandon (Emmanuel).

Chatelus (Ernest de)

Chapelle (Adolphe de la)

Chapuy.

Courajod (P).

Chalandon (Irénée).

Clément.

C.... (Mᵐᵉ de).

C...., abbé, vicaire-général de Metz.

Chatel.

Chaponay (Mᵐᵉ la comtesse de).

Chevillard (Joanni).

C.... (L).

Charpenel (N).

Comte (J-M).

Chabannes (le comte de).

Culter (Victor), anc. chef d'escad.

Curtet, menuisier.

Cusset (Hyp).

Cusset (Anthelme).

MM. Clarer.

Chevrier, propriétaire.

Le Colonel du 7ᵉ Cuirassiers.

C.... (M).

Cartier, capitaine d'état-major.

Colrat (L), docteur.

Charrin (N).

Courbon (Barth).

Chassagny (Jordan de).

Clermont-Tonnerre (le duc de)

Chaufour, lieutenant au 9ᵉ Hussards.

Charnier, membre du conseil des Prud'hommes.

Colombe (le comte de Sainte-).

Chaumontel (de), capitaine.

Clairin, lieutenant.

Carmier (de), capitaine-d'habillement.

Coignet, capitaine en 2ᵉ.

Chenevière, lieutenant d'état-major.

Clément, lieutenant en 2ᵉ.

Codieu, sous-lieutenant.

Caval, sous-lieutenant.

Carriol.

C.... (M.-G.).

Cornat, lieutenant au 4ᵉ Chasseurs.

Colomb d'Écotay, lieutenant au 5ᵉ Lanciers.

MM. Colonna, capitaine.

Chegaray, représentant, ancien magistrat à Lyon.

Cayla (Mme la comtesse de).

Chaillet des Banes (le chevalier).

Calmetès-Vallès, lieutenant au 7e Chasseurs.

Chambure (de), sous-lieutenant, officier-élève.

Dugas (Prosper).

Desjardins (Tony), architecte.

Delandine.

Ducruet.

Des Garets (N).

D...., abbé.

Desgeorges.

Dufour, ancien officier.

Dugas (Laurent).

D.... (M.-A.).

Diot, vicaire-général de Verdun.

Dascier, chanoine, secrétaire de l'évéché de Verdun.

Dupont père

Dupont fils.

Devienne, curé de Saint-François

Dugas (Victor).

Durand, jardinier.

Duboys (Albert), ancien magistrat.

Dallemagne (M. et Mme).

MM. Dallemagne (Abel).

Dallemagne (Paul).

Dallemagne (Julien).

Dallemagne (Léon).

Duhamel, ancien dragon.

Dussillon, ouvrier en soie.

Dumolard, notaire.

Durafour.

D...., (J.).

Dué, ancien négociant.

Durieu (Millet).

Délon, sous-lieutenant.

Des Garet (Louis).

Damiron fils.

Damège.

Dunod (Claudius).

Dupré, ancien sous-préfet.

Dupré, sous-lieutenant.

Duplay-Balay fils.

Delor, curé de Saint-Pierre à Limoges.

Debar-Laborde, chef d'escadron.

Delmas, adjudant-major.

Dangeville, lieutenant en premier.

Duron, sous-lieutenant.

Delbecq, capitaine.

MM. Descour, sous-lieutenant.

Depina, sous-lieutenant.

Du Peloux.

Deprandière.

Egras, curé de Contrevoz.

Ferrand (Humbert).

Fabisch, statuaire.

Frèrejean (Jos).

Favier (André).

Frapet.

Frary.

Favier neveu, orfèvre.

Faivre (l'abbé).

Flayol, avocat.

Ferrand (Francisque), avocat.

Floret, capitaine instructeur.

Froidure, capitaine en 2ᵉ.

Franchet d'Esperay, sous-lieut. au 4ᵉ Chasseurs-d'Afrique.

Farge, vétérinaire.

Falloux (le vicomte de), ancien ministre.

Guérin (Louis), négociant.

Gauthier (Charles), négociant.

Girin, avoué.

Ginot.

Guyot, frères.

MM. Gaillard (Léopold de).

Gatelier (C. de).

Gabet (Arthur).

Greppo (l'abbé), vicaire-général de Belley.

Gado, colonel au 10ᵉ Cuirassiers.

Girard, chanoine de Belley.

Grinand (Louis), tisserand.

Gamet, curé de Virignin.

G...., chef d'atelier.

Georgerat.

Guillard, chef d'institution.

Goness (Léon).

Grammont (de).

Gibert.

Guicheu (de), lieutenant au 6ᵉ Cuirassiers.

Guiot, lieutenant au 1ᵉʳ Chasseurs-d'Afrique.

Gautier.

Gay-Devernont, lieutenant au 8ᵉ Chasseurs.

Gibert.

Gombaud-de-Séréville, lieut. à l'école de caval. de Saum.

Guépratte, capitaine.

Germain, major.

Gontier, capitaine-trésorier.

Guendeville, lieutenant en 1ᵉʳ.

Havelt (baron du).

MM. Herculais (le comte d').

Hyvernat.

Humblot (Paul), avocat.

Harenc (Mme la comtesse de).

H.... (O.).

Havouse, ex-prof. à l'école de Saumur.

Herculais (Mme d').

Hopital.

Hestancourt (de), sous-lieutenant à l'école de Saumur.

Hautefort (d'), lieutenant.

Hun, capitaine-commandant.

Hatin, vétérinaire.

Herbault fils

Innocenti, lieutenant au 2e Dragons.

J.... (M.).

Jessé (baron de).

J.... (B.-M.-G.).

Jujat, avoué.

Jaillard (Louis).

Jaillard (Pacôme).

Journoud-Madinier.

Jamot.

Jordan (Julien), prêtre.

Juste, chef d'escadron.

Jacquemin, colonel.

MM. Kœnig, lieutenant au 4e Lanciers.

Kernilan (de), sous-lieutenant.

Kainlis (de), sous-lieutenant officier-élève.

Le Mire (Noël).

Lambert aîné.

Lacroix (Mlle).

Langlade, chef d'atelier.

Lègues de Marialla.

La Plagne (Amédée de).

Loie.

Lamy, chef d'atelier.

Lignoz.

Lebon-Desmottes (le général).

L.... (C..).

L....

L.... (A.).

Laforge fils.

Lajard (le baron), intendant.

Lajard (Félix), membre de l'Institut.

Louvencourt (de), lieutenant en 2e.

Laprade (de), docteur-médecin.

Lavalette (le baron de).

Lacroix-Laval (Louis de).

Lavergne, lieutenant-colonel.

Leussé (le comte Hippolyte de).

MM. Lavoye, capitaine.

Lecomte, lieutenant au 2ᵉ Hussards.

Langle (de), sous-lieutenant, off.-élève.

Laporte (de).

Messy, chef d'atelier.

Mollière (Antoine), avocat.

Magneval, avocat.

Meton, curé.

Marotte, vicaire-général de Verdun.

Martin, vicaire-général de Verdun.

M.... (Mlle).

Mantet-Guitard.

Moreton, vicaire à Rive-de-Gier.

Montbellet (de).

Magnieunin.

Montdesert.

Michalon (de).

Morel.

Maillet.

Martin (l'abbé), supérieur du p. séminaire de Belley.

Magnin (l'abbé).

Michalon, cultivateur.

Martinand, curé d'Arbignieu.

Michelin, domestique.

Monet, anc. sous-officier.

MM. M.... (C.).

Morel-Millet.

Millet (Alexandre).

Meynis.

Montel-Ginlard.

Monteynard (M. et Mme de).

Meurice.

Masse, capitaine en 2e.

Mirault, sous-lieutenant.

Montarsolo, sous-lieutenant.

Montrevast (de), sous-lieutenant.

La Martinière (de), sous-lieutenant.

Mutel, sous-lieutenant.

Montarby (de), s.-lieut., off.-élève.

Morel de Voleine.

Mortemart (le marquis de).

Nolhac (Marc-Antoine).

Nolhac (Antoni).

Noirot, anc. Hussard de l'empire.

Name (Mlle Julie), fem. de ch.

Nos (Jules de).

N.... (A.).

Reyre (Prosper).

Ogier.

Olon (Sébastien), Espagnol.

MM. Penin, graveur.

Pettolaz (Félix de).

Pine-Desgranges (Émile), avoué.

Paradis.

Primat.

Platel, ouvrier menuisier.

La Perrière, (de) Paul, avocat.

La Perrière (Mme V^e de).

Pillet, doc. méd.

P....

Parcieu (marquis de).

Pastoret, (marquis de)

P....

Poncet.

Perret, journalier.

Pericaud (Antonin), avocat.

Pignard.

Perret, architecte.

Pincanon.

Picol et Jos. F.

Pointe-de-Gévrigny (de), colonel.

Perrot, capitaine-commandant.

Querbe, curé de Vourles.

Quinsonas (Émilien de).

Quinsonas (de).

MM. Quinsonas (le marquis Octave de).

Roux (Henry).

Rochemure (Mme de).

Roux (André).

Ribollet aîné.

Ravinet (D.-M.).

Rossat, vicaire-général de Verdun.

Rouquaid.

Raousset (le comte de).

Roche.

Richard.

Rey (Adrien), joaillier.

Rochignieux.

Robert, ouvrier.

Rive (A.), couturière.

Robert, chanoine de Belley.

Revel de Ferrou (Armand de).

Rochette (de la).

Rougnard.

Roche-Chabert.

Rambaud.

Rolland, capitaine.

Récamier, docteur.

Rey, abbé.

Royer, capitaine en 2e.

MM. Romain (Mme).

Serre (Vincent).

Servant, curé.

Samgon.

Serre (Félix).

Servajean.

Seyssel (Henri de).

Servant. (Aimé)

Sève-Lioger.

S.... (A).

Schmit, chef d'escadron.

Saint-Ange (de), écuyer.

Terret (A.).

Tissot docteur-médecin.

Trilliat.

Tricaud (de).

Talancé (de).

Turin d'Urigny (Joseph).

Tournon (le comte de).

Saint-Trivier (le comte Hippolyte de).

Thorton, lieut. au 4e Cuirassiers.

Thomas, sous-lieutenant.

Torel, capitaine.

Thiollière-Dutreuil (Gustave).

Vanel, fabricant.

MM. Vincent de saint-bonnet (Octave), avocat.

Valbreuse (de).

Virieu (Mme de).

Vindry, prop. à la Guillotière.

Vignaud.

Virieu (Mlle de).

Villeneuve (de).

Virieu (Mlle de).

Vinel, notaire.

Verna (L. de).

Vincent, curé de Vaise.

V.... chef d'atelier.

Vacquier, capitaine.

Varrain, capitaine.

Victor (Gabriel de St.)

Yemeniz.

Souscriptions collectives.

Plusieurs réunions religieuses d'Hommes à Lyon.

Une réunion religieuse de Dames à Lyon.

Divers ateliers.

Le clergé de la ville et du canton de Verdun.

Le clergé des différentes localités du diocèse de Verdun, dont les noms suivent :

Canton de Charny.

Clermont.

Étain.

Frênes en Woëvre.

Souilly.

Varennes.

Canton de Bar-le-Duc:

Anceville.

Condé.

Ligny.

Moutiers-sur-Saulx.

Révigny.

Triancourt.

Vaubecourt.

Canton de Commercy:

Gondrecourt.

Saint-Mihiel.

Pierre-Fitte.

Vaucouleurs.

Vigneulles.

Void.

Canton de Montmedy:

Billy-les-Mangiennes.

Damvillers.

Dun.

Montfaucon.

Stenay.

Lyon.—Imprimerie d'Aimé Vingtrinier, quai St-Antoine 36.

www.ingramcontent.com/pod-product-compliance
Lightning Source LLC
Chambersburg PA
CBHW051430060726
47596CB00006B/2435